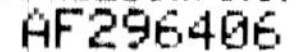

TOULOUSE.

LÉRIDA.

PLUS DE PYRÉNÉES

Projet de Percement

DU

MONT GÉOU

DANS LES

Pyrénées Centrales

ET CONSTRUCTION D'UN CHEMIN DE FER INTERNATIONAL

DE TOULOUSE À LÉRIDA (ESPAGNE)

Par la Vallée du Salat (Ariége) et par celle de la Noguera Paillaressa (Catalogne).

PROPOSITION

De M.ⁱ ARISTIDE FERRERE

Commandeur extraordinaire de l'Ordre de Charles III.

BARCELONE.

SARAGOSSE.

VALENCE.

MADRID.

Lith Salettes à Toulouse

27771

PROJET DE PERCEMENT

DU

MONT GÉOU

dans les Pyrénées Centrales

ET CONSTRUCTION D'UN CHEMIN DE FER INTERNATIONAL

DE **TOULOUSE** A **LÉRIDA** EN **ESPAGNE**

PAR LA VALLÉE DU SALAT (ARIÈGE), ET PAR CELLE DE LA NOGUERA PAILLARESSA (CATALOGNE).

PROPOSITION

DE M. ARISTIDE FERRERE,

COMMANDEUR EXTRAORDINAIRE DE L'ORDRE DE CHARLES III,

ANCIEN AGENT DES FINANCES D'ESPAGNE A PARIS.

TYPOGRAPHIE DE JULES-JUTEAU, RUE SAINT-DENIS, 341.

JUILLET 1857.

PROJET DE PERCEMENT

DU

MONT GÉOU

dans les Pyrénées Centrales

ET CONSTRUCTION D'UN CHEMIN DE FER INTERNATIONAL

DE TOULOUSE A LÉRIDA EN ESPAGNE

PAR LA VALLÉE DU SALAT (ARIÈGE), ET PAR CELLE DE LA NOGUERA PAILLARESSA (CATALOGNE).

PROPOSITION

DE M. ARISTIDE FERRERE.

Des deux côtés de la partie centrale de la chaîne des Pyrénées, les populations sont aujourd'hui préoccupées d'une question qui les intéresse vivement. Il s'agit d'établir une route internationale de France en Espagne, à travers les Pyrénées centrales. Dans tout le midi de la France et dans la Catalogne, si riche par son industrie et son commerce, chacun fait des vœux pour une solution qui lui soit favorable et qui lui permette de développer les transactions commerciales.

Cette question a déjà attiré l'attention de l'administration supérieure, qui voit que de grands intérêts se rattachent à l'ouverture de cette voie de communication. Son établissement aurait, en effet, pour résultat d'appeler sur notre territoire une grande activité d'affaires, de développer en partie nos productions territoriales, et enfin de rapprocher les distances entre deux nations qui sont topographiquement placées l'une à côté de l'autre, mais qui sont séparées par une chaîne de montagnes qui leur sert de barrière et qui les met à plusieurs journées d'intervalle.

Le choix du passage des Pyrénées centrales est une question grave, car de lui dépend, non-seulement l'avenir de l'administration qui construira le chemin, mais ce qui est plus important pour la France, l'avenir de notre commerce avec les provinces les plus opulentes de l'Espagne.

C'est sous ce point de vue que j'ai plus particulièrement examiné la question, et une fois édifié sur la supériorité du passage par *Salau*, comme *trafic*, *sécurité* et *facilité d'exécution*, j'ai fait faire les études d'un avant-projet de chemin de fer que j'ai soumis à S. E. M. le Ministre des Travaux publics.

Je vais exposer les motifs qui me portent à croire que le passage que je propose est, sous tous les rapports, préférable à ceux tentés sur les autres points des Pyrénées centrales.

Considérations d'intérêt général. Une route internationale au centre des Pyrénées doit, avant tout, développer les transactions qui se fondent sur la différence du climat. La plus simple appréciation des conditions offertes par notre Midi nous en fournit la preuve.

En effet, nos départements de l'Ouest ont leurs rapports naturels par la mer, avec une longue ligne de côtes, au nord-ouest de l'Espagne; nos départements maritimes de l'Est, diffèrent moins que les autres, quant aux productions du climat, des provinces espagnoles correspondantes, et communiquent avec elles plus facilement par la mer; mais nos départements intermédiaires sont ceux qui offrent le plus de contraste avec les contrées opposées de l'Espagne, et il suffit de nommer le Lot, l'Aveyron, le Tarn-et-Garonne, le Tarn, la Haute-Garonne, le Gers et l'Ariége, à *côté* de la Catalogne, de Valence et de l'Aragon, pour apprécier tous les avantages d'une voie de communication régulière, courte et facile, entre ces contrées. Les différences que nous connaissons dans le prix des denrées, à vingt lieues seulement de distance, nous en fournirait d'ailleurs une preuve irrécusable. Y a-t-il nulle part, sur les deux frontières, des régions égales en étendues et en éléments nombreux de spéculation? De là, les projets divers d'une route internationale *au centre* des Pyrénées.

Loin de la concurrence *des voies* maritimes, une route internationale *au centre* des Pyrénées *répond* donc à la pensée de mettre en rapport Toulouse avec la Catalogne, l'Aragon et Valence; elle doit développer entre deux contrées également fertiles en produits *divers*, des échanges importants qui n'attendent, pour se produire, que des communications faciles.

Or, deux grandes rivières occupent, sur les deux versants, le centre de ces contrées et nous tracent en ligne droite notre direction; ce sont la Garonne et le Noguera-Paillaressa. Une disposition providentielle a donné à ces deux voies naturelles de communication une direction opposée au centre de leur vaste rayon (1), un cours moins rapide, des facilités très-grandes de passage pour opérer en ligne droite leur réunion, enfin, une supériorité marquée sur tous leurs affluents, en richesse et en population.

La supériorité de la Paillaressa sur toutes les vallées situées au centre de ce versant des Pyrénées n'admet en Espagne aucune concurrence. Très-riche et très-peuplée, elle se termine par une vaste plaine (la plaine d'Urgel) aussi belle et aussi fertile que notre Beauce. Là, le prix du *blé* ne dépasse pas les prix d'Odessa, *huit francs l'hectolitre*; *l'huile* se vend communément *cinquante centimes le litre*; et le *vin*, fabriqué sur le champ même qui le produit, y est déposé dans de vastes silos, comme la denrée la plus commune et la moins digne d'un transport immédiat. De plus, la Paillaressa débouche en ligne droite au centre de la Catalogne, de Valence et de l'Aragon, contrées comprises pour *un tiers dans la balance commerciale de toute l'Espagne*.

Quelque excellents que soient les motifs qui ont déterminé les géographes, il n'en est pas moins évident, qu'au point de vue de *notre projet*, l'*Ebre* est la *continuation* de la *Noguera-Paillaressa en Espagne*, comme la *Garonne* est la *continuation du Salat* chez nous, et que toute pensée rationnelle de route INTERNATIONALE AU CENTRE des Pyrénées doit avoir pour but de *mettre en rapport* la Garonne et la Paillaressa, c'est-à-dire la HAUTE-Garonne avec le BAS-Ebre.

Il importe surtout, dans l'exécution, d'arrêter le choix sur la ligne la plus *courte* et la plus *facile*. Tenir peu de compte des *frais de transport*, c'est se rapprocher plus ou moins des causes qui entretiennent la stagnation actuelle, et *réduire* le rayonnement de la circulation à des transactions d'*extrême* FRONTIÈRE, et en limiter ainsi l'importance.

Nous comprenons fort bien que les rapports entre les Capitales des deux pays voisins représentent des intérêts d'un ordre plus élevé, soumis à l'unique appréciation de leur convenance avant tout, mais il reste toujours aux intérêts secondaires une solution en rapport avec leur importance, et si le passage de Canfran, par exemple, se trouvait sur la ligne de Paris, Bordeaux et Madrid, il ne saurait pourtant établir les *relations internationales* qui font le *sujet de nos recherches*, qu'en enlevant aux travaux qui pourraient être tentés sur les autres points, toute proportion entre la *dépense* et les *résultats*. Or, la raison nous dit, qu'une *ligne destinée à établir les communications dans*

---

(1) LA GARONNE COULE DE L'EST A L'OUEST, ET L'EBRE DE L'OUEST A L'EST.

— 4 —

un vaste rayon est d'autant plus *défectueuse* qu'elle *s'éloigne* davantage du *centre*, et que sa direction sur la *circonférence* doit donner à toutes ses ramifications une marche dont les sinuosités augmentent à mesure qu'elles se rapprochent du point opposé. Le choix de Confran ne saurait, par conséquent, donner au problème une solution qui a fait *défaut* par *Figuières* sur l'*extrémité opposée*.

La route de TOULOUSE à LÉRIDA, RÉUNISSANT par une ligne DROITE et CENTRALE les départements français aux provinces espagnoles correspondantes, offre trop d'avantages à la spéculation, pour que tôt ou tard, elle n'attire pas son regard clairvoyant. Les chemins de fer de *Toulouse* à *Bayonne* et de *Barcelonne* à *Sarragosse* ne sauraient être *réunis* plus avantageusement que par leur *centre*.

Observons que, Paris, Toulouse, Saint-Girons et Barcelonne se trouvent compris entre les méridiens 0 et 1° ; ainsi, en tenant compte des sinuosités des voies de communication, notre tracé se trouve dans la zône passant par le centre de la France.

Que, prenant pour point de départ, Toulouse, centre populeux et commerçant, nous voyons que la perpendiculaire, abaissée de ce point sur la direction de la crête des Pyrénées, vient passer au port de Salau ; où nous projetons notre tunnel ; toutes les autres directions qu'on pourrait prendre seraient donc des obliques, par rapport à cette perpendiculaire, et seraient d'un plus grand parcours.

Que, par rapport à la chaîne des Pyrénées, notre *ligne est centrale*. En consultant les livres de poste l'on voit, en effet, que la distance de Perpignan à Saint-Girons est de 212 kilomètres, et que celle de Saint-Girons à Bayonne est de 255 kilomètres ; la différence entre ces deux chiffres étant 43, le milieu de la distance totale de Perpignan à Bayonne ne se trouve qu'à 21 kilomètres 50 de Saint-Girons.

Enfin, une route INTERNATIONALE au CENTRE des Pyrénées ayant au plus haut degré un but d'utilité générale, les prétentions locales devraient subir le contrôle de l'examen le plus impartial ; car leurs influences, exclusivement préoccupées d'intérêts fort restreints et fort secondaires, n'aboutissent qu'à des dépenses isolées et sans résultat ; elles ne tendent qu'à ajourner indéfiniment une entente qui doit avoir la recherche des intérêts généraux pour première base.

Le chemin de fer projeté part de Toulouse, remonte la vallée de la Garonne, entre près de Boussens dans la vallée de Salat, la suit jusqu'à sa source, franchit les Pyrénées, près du port de Salau, et tombe dans la Noguera-Paillaressa, qui le conduit à Lérida où il se soude à la ligne concédée de Barcelonne à Sarragosse et à Madrid.

Entre Toulouse et Boussens, sur 63 kilomètres, l'établissement de la voie ferrée ne présente aucune difficulté, elle se maintient dans la vallée de la Garonne en suivant le tracé de l'administration pour le chemin de Toulouse à Bayonne (réseau pyrénéen).

Entre Boussens et Saint-Girons, sur 52 kilomètres, le chemin de fer s'établit sans difficultés. Après avoir traversé la Garonne, près de Boussens, en un point où elle n'a plus d'importance, il remonte la rive gauche de la belle vallée du Salat, en passant par Mazères, Salies, Mane, Castagne de Prat, Caumont, puis se jette sur la rive gauche en amont de Saint-Lizier et il arrive à Saint-Girons.

Le tracé dans cette section est tellement facile à la simple vue du terrain, qu'on a cru pouvoir se borner à indiquer sur le profil en long, la pente moyenne du chemin de fer qui sera seulement de 0ᵐ 00.365.

A partir de Saint-Girons, la vallée du Salat commence à changer d'aspect; les coteaux se rapprochent sur beaucoup de points, et encaissent la rivière qui présente des coudes assez brusques. Ce n'est plus la plaine, mais ce n'est point encore la montagne, et les difficultés ne sont que de second ordre. Le tracé se maintient toujours sur la rive droite du Salat. En passant près de la Cour, Vic et Oust, puis arrivé près du pont de la Taule, il coupe en souterrain la pointe du contre-fort de la Garde, il se jette dans le vallon du ruisseau d'Aleth, se maintient sur les coteaux réguliers du versant droit, et, sans quitter les terres arables, il arrive au *Trein*. La déclinité entre Saint-Girons et le Trein ne dépasse pas 0ᵐ 010 par mètre, mais au-delà on a adopté celle de 0ᵐ 02.

Au-delà du Trein et jusqu'à Alos (30 kilomètres), Espagne, le chemin de fer entre dans la région montagneuse, il remonte la vallée d'Aleth jusqu'au village d'Ustou, puis il revient sur lui-même, se relève à flanc du coteau, en profitant des petits plateaux qui, par une heureuse coïncidence, se rencontrent sur les versants, tourne la pointe du Sarrat en face du pont de la Taule, retombe dans la vallée du Salat et la remonte jusqu'à 2 kilomètres en amont du village de Salau; là il *perce la chaîne principale*, et, après un parcours souterrain de 6350ᵐ, il vient sortir dans la vallée de la Noguera-Paillaressa, un peu en amont du village espagnol d'Alos.

Comme on l'a dit plus haut, de Seix à l'entrée du souterrain, la rampe adoptée est de 0ᵐ 02, mais elle est réduite à 0ᵐ 015 dans l'intérieur du souterrain. Entre Alos et Sort, les difficultés de construction ne sont que de second ordre. La pente moyenne est de 0ᵐ 014, et de Sort à *Lérida*, sur une longueur de 102 kilomètres, les conditions d'établissement de la voie ferrée sont celles que présentent d'ordinaire les grandes vallées, la pente moyenne n'est que de 0ᵐ 00396.

L'estimation de la dépense du chemin de Toulouse à Lérida peut être établie de la manière suivante :

Section de Toulouse à Boussens (emprunt sur le réseau pyrénéen). . Mémoire.
— de Boussens à Saint-Girons (32 kilomètres). . . . . . F. 6,320,000
— de Saint-Girons au Trein (26 kilomètres). 8,012,000
— du Trein à Alos (Espagne) (30 kilomètres). 37,485,000
— d'Alos à Sort (42 kilomètres). . . , ... 14,574,000
— de Sort à *Lérida* (102 kilomètres). 20,706,000

Total des sections . . . . . . F. 87,097,000

Total de la dépense d'établissement du chemin de Toulouse à Lérida (Espagne) par la vallée du Salat.

Vallée du Salat. Quant à l'aspect général du pays, nous dirons que de Saint-Girons à Salau le chemin traverse les villages d'Eychelle, de Lacourt, Karkabannas, Saint-Sernein, Sueix, Vic, Oust, la petite ville de Seix, les villages de Serac, d'Ustou, du Trein, de Conflans et Salau ; que partout la vallée présente des élargissements spacieux et bien cultivés. Sur le versant des montagnes, l'on voit de belles prairies, des champs travaillés avec soin, des bois et de nombreuses habitations qui donnent au paysage un aspect agréable ; à Seix, à Conflans de Benmajou, à Mède, à Aulus, l'on exploite des mines de zinc, de cuivre et de plomb argentifère ; on y trouve des mines de fer, des carrières de marbres, et sur toute la route on trouve des forges, des papeteries, des moulins à huile et une foule d'autres industries.

Comme on le voit, par l'importance de sa population, de ses produits territoriaux et de son industrie, la vallée peut suffire à donner un revenu satisfaisant au capital que l'on y emploierait pour y construire un chemin de fer, et, dans l'état actuel du passage des Pyrénées par la route muletière de Salau, les Catalans viennent en nombre assez grand, tous les mois, à la foire de Saint-Girons y faire un commerce d'échange assez considérable.

A la foire ordinaire du 9 septembre dernier, où j'assistais, il s'est traité : 2900 bœufs et vaches, — 860 chevaux, mulets et ânes, — 470 moutons et brebis, — 1150 cochons, — 160 chèvres. — Total : 9750 têtes. — A ces foires mensuelles, il faut ajouter les *quatre grandes foires* de l'année, où il se fait des affaires considérables en laines, vins, draperie, etc., etc.

A partir du Trein et jusqu'à Salau, la vallée se retrécit, les montagnes sont d'une grande hauteur, mais elles restent HABITÉES et couvertes de bois. — De Salau au tunnel, les montagnes s'écartent, la vallée s'élargit ; elle se prolonge sur une longueur de 5 kilomètres environ, et enfin elle vient se terminer sous forme de cirque ; là, l'on reconnaît la nécessité d'un percement ou d'un tunnel pour gagner la vallée de la Noguera-Paillaressa sur le versant espagnol.

Pour arriver de Salau à la tête du souterrain, une seule direction est possible, c'est celle qu'on obtient en se développant sur le flanc droit de la vallée. — Ce versant est peu accidenté, la route est généralement *exposée au levant*, l'on ne *quitte jamais les terrains cultivés*, puisque au-*dessus de l'entrée du souterrain*, l'on traverse des parcelles cadastrales. De plus, elle est à l'abri des avalanches, puisque les parties *supérieures* de la montagne sont *plantées* de pins et de sapins ; or, ni *prairies*, ni *sapins n'existe-raient* s'il y avait à craindre les avalanches qui généralement viennent détruire tout ce qu'elles rencontrent sur leur passage.

Dans le projet rédigé par M. Gérardin, ingénieur des Ponts-et-Chaussées, la tête nord du souterrain projeté est à 1154^m 50 au-dessus du niveau de la mer, c'est-à-dire à une hauteur telle que la circulation ne sera que rarement interrompue par l'effet des neiges et du brouillard. L'expérience prouve en effet qu'au-dessous de la limite de 1300^m les neiges ne séjournent pas, elles n'acquièrent pas *habituellement* de la consistance, et il est toujours facile de s'en débarrasser.

Il est essentiel d'insister sur ce point, parce que nous pouvons dire avec vérité qu'à la hauteur de 1150^m, nous sommes sûrs d'obtenir une voie *facile*, *sûre* et *praticable* en toute saison.

La partie sud du souterrain, sur le versant espagnol, est à 1249^m 75 au-dessus du niveau de la mer ; mais cette hauteur ne doit pas nous occuper, car l'on sait qu'en Catalogne la température y est très-douce et permet d'y voyager en toute saison.

Le souterrain a une longueur de 6350 mètres et une pente de 0^m 015. Il faut observer qu'il sera creusé dans le calcaire, comme l'indique la carte géologique de M. Élie de Beaumont, et comme les explorations faites pendant les études le démontrent. En effet, M. Gallaup, ingénieur ordinaire des ponts-et-chaussées à Saint-Girons, a fait construire une voie muletière dans le flanc de la montagne, où doit être percé le tunnel, et la mine a partout mis à nu du calcaire et rien que du calcaire.

En amont et à 500 mètres de distance de l'entrée du tunnel projeté, il y a une brèche qui a plus de 200 mètres (deux cents mètres) de *profondeur*, qui a été creusée par les eaux et qui, dans sa partie la plus basse, présente un calcaire pareil à celui qui est à la surface.

On ne peut pas, je crois, se trouver dans de meilleures conditions pour le percement, et personne ne peut sérieusement soutenir qu'un tunnel sous la montagne de Géou sera en plein dans le granit.

D'ailleurs, la carte de M. Élie de Beaumont fait autorité.

J'ai des échantillons de pierres étiquetés et pris à toutes les hauteurs de la montagne, et que je puis montrer, et l'on verra qu'à sa crête, comme à sa base, la montagne traversée par la ligne ferrée projetée est entièrement en calcaire, tandis que la carte géologique de France, par MM. Dufresnoy et Élie de Beaumont, *indique le granit au pied du Marboré.*

D'après ces données et avec les moyens de percement qu'on possède et ceux que la science et la pratique découvrent tous les jours, il est permis de calculer qu'il ne faudra pas plus d'une dixaine d'années pour terminer le tunnel.

Au sortir du souterrain, on arrive sur le territoire espagnol, dans le fond d'une belle vallée toute formée, où l'on voit des prairies et des champs, et cela s'explique si l'on remarque que la rivière a déjà parcouru 30 kilomètres depuis sa source au pont de Paillas.

Vallée de la Noguera-Paillaressa Tracé en Espagne. Le tracé sur les rives de la Noguera-Paillaressa ne présente pas de grandes difficultés ; il suit le fond de la vallée ; on est seulement obligé de subir la pente de $0^m 014$, qui est celle de la rivière pendant 12 kilomètres, après lesquels elle n'est plus que de $0^m 01$ jusqu'à Lérida.

Dans cette vallée se trouvent sur les flancs des montagnes qui bordent la Noguera et au sortir du souterrain, *d'immenses forêts de sapins* connues sous le nom de *Forêts de la Paillaressa* ; elles n'ont pas été *exploitées*, parce qu'il manque des voies de communication. A la sortie du tunnel projeté, on voit des scieries et d'autres industries, dont les produits sont exportés en France par voie muletière. — Jusqu'à Lérida, situé à 102 kilomètres du tunnel, l'on y rencontre 85 villages, dont les populations moyennes sont de 1000 à 1200 âmes, tels que Alos-Sort, 1500 habitants ; Esterry, 1000 hab. ; Réalp, 900 hab. ; Talern, 1500 hab. ; Gerry, 1200 hab. ; Roma, 600 hab. ; Isona, 900 hab. — L'on y trouve aussi plusieurs villes : La Pobla qui a 2000 habitants ; Tremp, 6000 hab. ; Balaguer, 8000 hab., et Lérida, capitale de la province de ce nom, qui a 27000 habitants.

Vallée de Lérida. La vallée de Lérida, où nous arrivons en suivant toujours la vallée de la Paillaressa, a une importance qu'il est essentiel de faire connaître : — 1° Lérida est située à 100 kilomètres de Barcelonne et à 96 kilomètres de Sarragosse, c'est-à-dire à peu près à égale distance de ces deux villes, et sur le chemin de fer de Barcelonne à Madrid.

Elle est au confluent des rivières et des vallées, dans une plaine vaste et fertile, et au centre de populations très-riches qui, jusqu'à ce jour, ont eu le moins de rapport avec la France. — La ville occupe un point central dans cet IMPORTANT TRIANGLE dont la base s'étend de *Barcelonne* à *Sarragosse* et la pointe à *Valence*. Autour d'elle rayonnent des villes importantes, entre autres *Reuss*, la seconde ville industrielle de la Catalogne; *Tarragonne*, la première position militaire de l'Espagne, Tortose, Monblan, Vals Balbastro, Cerbère, etc., etc. — La nature semble avoir formé Lérida pour être le centre des opérations d'une ligne internationale au centre des Pyrénées, et l'on dirait qu'elle n'attend que l'ouverture du tunnel que je propose pour accomplir ses hautes destinées. Si Napoléon III le fait exécuter, Lérida ne devra, qu'à lui seul, sa nouvelle vie et sa haute fortune.—Le chemin de fer de Barcelonne à Sarragosse, regardé comme l'une des meilleures lignes de l'Espagne, complétera l'ouvrage. — A Lérida, on n'a pas à craindre, comme à Barcelonne, la concurrence de la mer et d'une autre voie pour la France.

Après avoir démontré que les vallées du Salat et de la Noguera-Paillaressa renferment le meilleur des passages au centre des Pyrénées, pour établir des transactions entre la France et l'Espagne, il nous reste à évaluer le mouvement commercial auquel cette nouvelle route pourrait donner lieu.

Au premier aperçu, les inductions et les preuves nous viennent en foule pour nous dire combien les transactions actuelles entre les deux pays, par les divers passages de la frontière, répondent peu aux espérances que réaliserait mon projet.

Un coup-d'œil rapide sur les relations commerciales d'aujourd'hui servira d'introduction à notre sujet.

Le relevé de nos opérations douanières, pour 1852, constate un catalogue d'affaires très-peu varié par les cols plus ou moins abruptes des Pyrénées centrales. L'on retrouve toujours pour articles de quelque importance des laines à l'entrée, et les mules à la sortie. Néanmoins, nos petits bureaux de douanes, sur les passages ouverts à l'importation par l'Espagne, expédient plus de gros bétail que les routes de Perpignan et Bayonne. — Le Perthus n'en a exporté que 22 têtes, et je trouve pour Bayonne, 7 chevaux entiers, 45 hongres, — 372 juments, 260 mules ou mulets et 625 vaches, bœufs ou bouvallons, tandis que le bureau de Fos a expédié lui seul plus de 2000 mules ou mulets.

Les laines brutes encore, dans tous ces petits bureaux, ont une importation considérable. — Le bureau de *Salau* en a reçu **160,000** *kilogrammes*, lorsqu'il n'en est entré par le *Perthus* que **69163** *kilogrammes*.

Enfin, une seule diligence a fait, par le Perthus, l'échange de 2400 voyageurs environ. — D'autres voitures appelées *tartanes* ont porté, aux bains et aux foires des Pyrénées-Orientales, environ 2000 personnes, et les tartanes françaises ont porté, à Figuères, environ autant, soit en tout **6000** *voyageurs*.

Dans l'état d'abandon où le Gouvernement a laissé le port de *Salau*, il livre tous les ans passage à plus de 10,000 ouvriers français, et autant pour le retour, et de plus, un nombre de passants qui ne peut être évalué à moins de 6000. Total **26,000**.

Par Bayonne, les deux diligences et la malle-poste ne peuvent transporter que 60 voyageurs par jour. — L'on n'évalue qu'à **40**, la moyenne, partants et arrivants, ce qui fait **14,400** *voyageurs*.

De ce qui vient d'être exposé, nous concluons :

1° *Que la Catalogne et l'Aragon* reçoivent plus de gros bétail que les autres provinces de la frontière ;

2° Que les marchandises espagnoles, dont le passage a lieu par le Perthus, malgré le bon état de la route, proviennent uniquement de la province de Barcelonne, et que le *peu d'extension des transactions* par *cette voie de terre, provient,* non-seulement de la *concurrence de la mer,* mais bien plutôt de l'*analogie* de *climat* et de *produits dans les deux* contrées *contigües* ;

3° Que cette affluence de passants, de laines et de gros bétail, à travers les cols inaccessibles des montagnes de l'Ariége, *décèle assez les éléments de transactions* que possèdent la Catalogne et l'Aragon, s'ils étaient développés par mon chemin de fer ;

4° Enfin, qu'un chemin de fer au centre des Pyrénées serait moins exposé qu'aucun autre aux inconvénients des tarifs protecteurs de la navigation.

Avec des facilités aussi grandes pour la circulation qu'aucune des autres routes de la frontière, mon projet de route, éloigné de la mer, traverserait de plus par leur centre des régions bien plus étendues, et offrant entre elles des éléments bien plus nombreux à la spéculation.

Nous donnerons d'abord quelques développements à cet ordre de considération : nous en déduirons ensuite les conséquences qui en découlent dans les transactions.

Le centre de notre Midi, mis en rapport avec la Catalogne, l'Aragon et toutes les provinces orientales de l'Espagne, donnerait lieu à des transactions bien plus importantes que celles établies par les routes qui ont fonctionné jusqu'à ce jour entre ces deux pays ; parce que là se rencontrent d'abord les deux plus *vastes régions* des *deux frontières réunies* et *rapprochées* par MON PROJET, PUIS le plus de CONTRASTE, dans le *climat* et les *productions du sol.*

La situation de *Toulouse,* au centre des chemins de fer, et l'importance des départements qui l'entourent comme une capitale, sont trop connus pour que je me dispense d'entrer dans des développements à cet égard; mais la situation de Lérida n'est pas moins remarquable, et peu de mots la mettront en lumière.

Lérida est à 6 lieues de l'Èbre et communique avec ce fleuve par la Sègre; elle est sur les limites de la Catalogne et de l'Aragon, sur le chemin de Barcelonne à Madrid, et en rapport avec Valence, par une route royale. Des routes provinciales la réunissent aux villes nombreuses qui l'entourent. Non-seulement elle est comme au centre de *trois riches provinces,* mais c'est notre *point de départ* pour les contrées *orientales* de l'Espagne avec lesquelles, quoique les plus *florissantes* et les plus *belles,* la France a eu jusqu'à ce jour *si peu de rapports* PAR TERRE. Mon projet de chemin de fer apporte une modification profonde dans nos relations avec elles *par la mer, nonobstant les tarifs,* et la plus forte somme d'avantages serait dévolue à notre Midi dans cette révolution.

Tous les produits, dont ces contrées *abondent,* nous viendraient en échange de nos bestiaux qui leur *manquent*; car, notre climat plus frais, plus humide, sera toujours plus favorable à la production de nos animaux domestiques, parce que nos fourrages plus gras, nos racines, nos maïs et notre température se prêtent mieux et à meilleur marché aux différents besoins de cette exploitation.

Il faudra suppléer, en Espagne, à la stérilité des fourrages et de la paille par des accessoires dispendieux, si le prix des grains s'équilibre par la circulation. Il suit de là que leur boucherie serait mieux pourvue par nous pour l'abondance, la qualité et le prix. — Ce trafic pourrait être fort considérable aujourd'hui ; mais d'autres causes lui donneraient une grande extension dans l'avenir, savoir : le progrès de l'industrie déjà accompli à Barcelonne et à Reuss, et le développement d'une population ouvrière et l'établissement de nombreux chemins de fer.

A ces transactions, nées de la différence du climat, viendraient se joindre d'autres spéculations productives par la même cause. Si les économistes du libre échange ont quelques chances de faire accepter leurs principes, c'est surtout dans la circulation des produits qui forment la base indispensable de l'alimentation publique. Aujourd'hui que les gouvernements les plus éclairés se préoccupent si vivement du bien-être des masses, nous ne comprendrions pas comment avec des chemins de fer, le blé par exemple, serait à 30 fr. l'hectolitre en France et à 10 fr. en Espagne. Néanmoins, on peut dire que cette situation, est l'état normal de Toulouse et de Lérida.

Et que l'on ne pense pas que ce soit le seul produit qui ait une différence de prix si sensible. Le vin que Tremp et la plaine d'Urgel produisent en grande quantité, vaut en moyenne 8 fr. l'hectolitre. — L'orge y vaut 5 fr. l'hectolitre; — l'huile, 50 centimes le litre. — Les soies, que l'Ebre et Valence fournissent en grande quantité, les laines en masse, les citrons, les oranges en abondance, les cassonnades à vil prix, les bois de sapin et de noyer, les vins de liqueur, sont des produits d'échange contre nos bœufs, nos vaches, nos mules et nos mulets, nos étalons normands et bretons, très-recherchés par les éleveurs de la Haute-Catalogne pour être croisés avec le baudet; nos toiles, notre linge de table, notre bonneterie, nos tissus, notre papeterie, notre quincaillerie, notre draperie, nos étoffes, nos rubans et une quantité d'autres articles, produits d'échange qu'il serait trop long d'énumérer et que mon projet de route est appelé à développer.

En regardant la carte, on voit, à première vue, les avantages spéciaux de ce railway pour l'Espagne d'abord et puis pour la France. — Nous venons de les analyser et nous pouvons encore ajouter, sans espérer cependant d'épuiser la question que, par les chemins de fer d'Alicante et de Valence, et par ceux de Madrid à Sarragosse, le rail recevra à Lérida, et disposera des produits de l'Espagne centrale et de ceux de la vaste et riche vega de Grenade, ville de 90,000 âmes et capitale de trois provinces éminentes par leur fertilité (Grenade, Almeira et Malaga).

Comme économie de parcours, si l'on prend les deux ports de mer, Bordeaux et Barcelonne, que mon projet de ligne relie, et que l'on compare la distance que l'on aura à faire pour aller d'une ville à l'autre, par les trois passages projetés, par Perpignan, par Gavarnie et par Salau, on trouve :

De Barcelonne à Bordeaux par Perpignan. . . . . . 660 kilomètres.
                 par Gavarnie . . . . . . 720 d°.
                 par Salau. . . . . . . 550 d°.

Ces énormes différences de parcours, toutes à l'avantage du passage par Salau, ont une bien plus grande importance, si on compare le commerce qui se fait et les populations qui sont agglomérées sur le parcours de chacune de ces routes de fer projetées.

Celle par Perpignan, placée à l'une des extrémités de la France, traverse de Barcelonne jusqu'à Narbonne, un pays desséché et peuplé de pêcheurs, et trouve, dans la mer qu'il longe, une concurrence au transport des marchandises et des voyageurs.

La route par Gavarnie, tracée dans les hautes montagnes de l'Aragon, laisse trop à désirer, quant à la sécurité des voyageurs, et elle est trop éloignée des provinces commerçantes de l'Espagne (la Catalogne, Valence) pour compter sur un produit depuis Sarragosse jusqu'à Pau. — Sur ce parcours, il n'y a ni *population*, ni *commerce*, ni *industrie*. — De plus, cette route sera constamment grevée d'une *dépense de traction considérable* par la nécessité de s'élever à une hauteur de 1469 mètres au-dessus du niveau de la mer où se trouve placé son tunnel; ensuite les communications seront certainement interrompues pendant trois à quatre mois de l'année.

La route par Salau échappe à tous ces inconvénients; et d'abord ce qui fait son premier mérite, et je puis dire sa supériorité, c'est son *peu d'élévation* qui permet d'y entretenir une circulation permanente, qui donne aux voyageurs une sécurité que l'on ne trouve pas plus haut, et assure aux Compagnies une économie dans les dépenses d'exploitation.

Ensuite, son tracé n'effleure pas seulement quelques points du littoral comme la ligne par Perpignan et par Bayonne, mais elle pénètre au CENTRE de la CATALOGNE, et jusqu'au *royaume de* VALENCE, c'est-à-dire dans les deux provinces les *plus populeuses*, les *plus animées*, les *plus intelligentes* et les *mieux préparées* aux multiples détails des transactions commerciales. Les contrées que la ligne traverse sont comme *encombrées* du produit de leur sol, et leur échange suffira pour donner un revenu considérable à cette ligne.

Il est aussi un autre point de vue sous lequel on doit considérer le produit futur de cette ligne qui nous *rapproche d'une manière si notable de nos possessions d'Afrique.* — Le commerce de l'Ouest et du Centre de la France ne s'y trompera pas. — Pour lui, la route de France en Algérie, par Salau, Lérida et Valence, sera sa route préférée; c'est par cette voie, la *plus courte de toutes*, qu'il trafiquera un jour, et, en tenant compte des progrès de culture, de commerce et d'industrie qui se développent en Algérie, on peut, sans crainte d'exagération, évaluer à 10,000 tonnes par jour le transit de France en Algérie qui se portera sur cette ligne dans une dizaine d'années.

Comme l'obstacle le plus grand pour le passage des Pyrénées centrales sont les neiges, je pense qu'on lira, avec quelque intérêt, le résultat des observations faites pendant *trente* années, sur la durée des neiges à diverses hauteurs de la montagne :

En 1825, la neige est restée 1 mois à 650 mètres de hauteur.

	2 —	920	—	—
	3 —	1200	—	—
	4 —	1380	—	—
	5 —	1550	—	—
	6 —	1680	—	—

En 1825, la neige est restée 7 mois à 1760 mètres de hauteur.

		8 —	1830	—	—
		9 —	1960	—	—
		10 —	2090	—	—
		11 —	2250	—	—
		12 —	2450	—	—
En 1826, la neige est restée		1 —	630	—	—
		2 —	950	—	—
		3 —	1230	—	—
		4 —	1390	—	—
		5 —	1560	—	—
		6 —	1700	—	—

En prenant les moyennes de toutes ces séries d'observations durant *trente* ans, l'on trouve que la neige reste pendant 1 mois à 650 mètres de hauteur.

	2 —	930	—	—
	3 —	1170	—	—
	4 —	1370	—	—
	5 —	1530	—	—
	6 —	1650	—	—
	7 —	1750	—	—
	8 —	1830	—	—
	9 —	1950	—	—
	10 —	2090	—	—
	11 —	2240	—	—
	12 —	2450	—	—

Les montagnes sur lesquelles on a constaté la hauteur des neiges sont situées sur le versant français des Pyrénées, et elles sont exposées au nord-est.

Sur les montagnes de l'arrondissement de Saint-Girons (Ariége), il a été fait une autre série d'observations qu'il convient, je crois, de mentionner ici.

Ces observations sont relatives à l'épaisseur des neiges et à la durée de l'*interruption de la circulation* à diverses hauteurs au-dessus du niveau de la mer.

De loin en loin, et moyennant une fois tous les dix ans, à 550 mètres de hauteur au-dessus du niveau de la mer, la circulation des piétons est interrompue pendant cinq à huit jours de l'année, par la neige qui tombe et surtout par celle que les vents viennent entasser sur certains points.

Au-dessous de 550 mètres, il n'y a jamais interruption. — A 800 mètres de hauteur, la durée totale de l'interruption peut être portée de huit à dix jours par hiver. Cette interruption est régulière et elle est due au tourbillon, c'est-à-dire au vent qui règne et qui a pour effet de tenir en suspens dans l'air jusqu'à 5 ou 6 mètres au-dessus du sol, une quantité de neige qui empêche le voyageur de rien distinguer à 1^m00 de distance.

Au-dessous de 800 mètres, il n'y a pas d'interruption régulière; ainsi depuis huit ans la route départementale n° 4 de l'Ariége (vallée du Salat) est carossable jusqu'au village de Conflans, situé à 681 mètres de hauteur, et l'on peut constater que la circulation des piétons n'a pas été interrompue un seul jour.

De 800 mètres à 1000 mètres de hauteur le tourbillon règne pendant vingt-cinq à trente jours de l'hiver, et porte à ce nombre de jours la durée totale de l'interruption.

De 1000 mètres à 1100 mètres la hauteur de neige qui tombe est moyennement égale à 0^m60, mais elle *peut être facilement déblayée;* le tourbillon dure chaque hiver pendant vingt-cinq à trente jours.

De 1100 mètres à 1200 mètres la hauteur de neige est moyennement de 1^m00, et le tourbillon dure pendant trente à quarante jours.

En règle générale, depuis les parties basses jusqu'à 1200 mètres, et même à 1300 mètres de hauteur, la quantité de neige qui tombe, quelle qu'elle soit, ne saurait jamais établir une véritable interruption à la circulation, s'il n'y a pas tourbillon. La neige n'acquiert jamais une grande consistance et le déblai est toujours possible. Au-dessous de 1300 mètres les registres de l'état civil ne constatent pas de décès par le froid ou le tourbillon.

De 1300 mètres à 1400 mètres la hauteur des neiges est de 1^m50 au moins; mais cette hauteur est augmentée et par la tourmente et par les fortes avalanches qui glissent dans les ravins dont l'origine est à la crète des Pyrénées; jusqu'à 1200 mètres l'on n'a pas à redouter ces monstrueuses avalanches, parce qu'on peut se développer sur le revers des montagnes secondaires et qu'on est ainsi affranchi du voisinage de la chaîne principale.

De 1400 mètres à 1500 mètres, et dans les parties plus élevées, il n'y a plus de tourbillon, c'est *la tourmente qui règne.* Le tourbillon dure un ou deux jours, quelquefois même cinq jours, mais la tourmente dure huit jours, quinze jours consécutifs, et en total deux ou trois mois dans l'année; pendant ces deux ou trois mois, la couche de neige s'épaissit, à sa partie inférieure, elle durcit, elle se congèle, et le *déblai n'est plus possible.*

De ce qui précède, l'on peut facilement déduire la différence énorme qui existe dans les difficultés à vaincre pour l'établissement d'une voie à 1200 mètres et à 1500 mètres, et la différence dans la *sécurité pour la vie des voyageurs*. — A 1200 mètres le déblai des neiges est possible et facile, et l'on n'a pas d'avalanches descendant de la chaîne principale ; l'on n'a pas de *tourmente*, vent impétueux qui règne plusieurs jours de suite. — A 1500 mètres le déblai des neiges est très-difficile et très-périlleux, sinon impossible ; la tourmente règne chaque année deux ou trois mois, pendant lesquels personne ne peut s'avancer sans risques, témoin *les décès* qui sont constatés annuellement de 1300 mètres à 1800 mètres. — Enfin, à 1500 mètres l'on a à redouter les avalanches descendant de la *crête* des Pyrénées qui détruisent tout ce qu'elles rencontrent sur leur passage.

Ces faits me portent à croire que mon projet ne saurait avoir de concurrence sérieuse, car *tous* les projets publiés au sujet du percement des Pyrénées *centrales* sont à **1500** *mètres* de hauteur, et l'on ne peut admettre dans les monts pyrénéens de *pareilles hauteurs* sans prévoir la *ruine des intérêts des concessionnaires et sans compromettre la vie des voyageurs*.

Dans le tracé par la vallée d'Aspe on passe le faîte des Pyrénées au moyen d'un souterrain de 4150 mètres dont l'entrée est à 1305 mètres. On ne peut y arriver qu'après avoir franchi en viaducs de nombreuses et terribles avalanches.

Dans le tracé par Gavarnie, le souterrain a une longueur de 6250 mètres ; on y entre à la côte 1469.

Dans le tracé par la Glère, le souterrain a une longueur de 6600 mètres ; on y entre à la côte 1460.

Dans le tracé par Salau, le souterrain a une longueur de 6350 mètres ; on y entre à la côte 1154 mètres, et on y parvient sans quitter les terrains *cadastrés* et *habités* et par conséquent sans rencontrer d'avalanches.

Sans être le moins du monde ingénieur, il est pourtant quelques données sommaires dont la signification est très-décisive pour celui qui connaît bien la configuration des montagnes. — Effectuer le passage sur le point le plus bas, voilà, en définitive, ce qui doit assigner à chacun son rang vers la priorité.

Plus on descendra, moins la rampe sera longue et difficile. — Le développement suffisant du rayon des courbes, l'obstacle le plus grand après le tunnel sera d'autant mieux résolu que le tracé se rapprochera davantage de la base des montagnes. — C'est vers le fond des vallées que les ravins s'élargissent et que les crêtes s'arrondissent ;

c'est là que les intérêts généraux et les intérêts particuliers des Compagnies trouveront ces conditions si désirables, savoir : Plus de sûreté avec moins de dépense.

Or, il s'en faut bien que les Pyrénées offrent ces avantages, car le développement de leur base est immense, et l'ouverture des tunnels au-dessus de 1400 mètres ne pouvant être accélérée par des puits, il en résulte pour le temps, plus encore que pour l'argent, des proportions de durée que la spéculation pressée de jouir n'admettra que difficilement.

Cependant, par une exception providentielle, la disposition des montagnes dans la vallée du Salat permet le choix entre des hauteurs que l'on peut abaisser jusqu'à 900 mètres, — J'en ai profité pour faire étudier le percement du mont Géou à cette côte. — J'ai fait dresser *un second avant-projet* de chemin de fer par M. J. Gosset, ingénieur civil, chef du matériel au chemin de l'Ouest. (Voir *Profil* n° 2.)

CONDITIONS GÉNÉRALES DE CE PROJET.

Le tracé partant de Saint-Girons à la côte 396 mètres passe dans la vallée du Salat, se développe dans la vallée d'Aleth et arrive après un parcours de 41230 mètres au pied des Pyrénées, où il entre en tunnel à 900 mètres au-dessus du niveau de la mer.

Dans ce parcours la pente du chemin est de 0^m 008 en moyenne sur une longueur de 14000 mètres — de 0^m 0176 sur une longueur de 3400 mètres — de 0^m 02 sur une longueur de 8000 mètres, et enfin de 0^m 013 sur une longueur de 15760 mètres.

Le rayon des courbes est de 500 mètres au moins, à l'exception d'une seule de 300 mètres située au fond de la vallée d'Aleth. — Aux deux extrémités du parcours et en deux autres points intermédiaires, sont ménagés des paliers, d'au moins 600 mètres de longueur.

Le tunnel est en ligne droite : — sa longueur est de 6100 mètres, la pente y est de 0^m 080. Les deux entrées de ce tunnel sont l'une en France à 900 mètres, l'autre en Espagne à 1380 mètres.

La traction dans ce tunnel serait opérée au moyen de chevaux pour les voyageurs ; quant aux marchandises elles le seraient par un moyen mécanique quelconque dont la rivière la Noguera-Paillaressa fournirait la force motrice. Cette rivière, à la sortie du tunnel, a un cours rapide puisque la pente est de 0^m 03 et un débit de 6 à 7 mètres cubes par minute. — Si on suppose un barrage procurant une chûte d'eau de 20 mètres de hauteur, le débit d'un seul mètre cube donnera une puissance de 266 chevaux, soit pour les 6 mètres 1596 chevaux, puissance évidemment supérieure à celle que nécessiterait l'établissement d'un système quelconque de traction. — L'économie pour la traction des marchandises est donc immense et incontestable.

3

A la sortie du tunnel, le tracé continue avec une pente de $0^m 03$ sur une longueur de 13000 mètres jusqu'au village Bourrent après lequel les difficultés d'installation cessent à peu près complètement, la pente devenant moindre que $0^m 01$. — Dans cette partie du parcours les rayons des courbes sont encore de 500 mètres au moins, à l'exception d'une seule de 300 mètres, située sur un palier, immédiatement après la sortie du tunnel.

Le temps pour le percement de ce tunnel est exprimé par $\frac{1}{2} \frac{1500 + 500 + 500}{140} = 9$ ans.

(1500 distance entre les puits, 500 + 500 hauteur des puits étant équivalent à une longueur de galerie attaquée seulement aux deux extrémités par deux chantiers qui n'avanceraient que de 140 mètres par an).

La ligne entière pourrait être livrée à l'exploitation dans 9 ans.

Après le tracé qu'on vient de décrire qui est immédiatement abordable à cause du peu de temps qu'exige sa construction, M. l'ingénieur Gosset propose un second tracé qu'il croit préférable au plan incliné, c'est de traverser les Pyrénées au moyen d'un tunnel de 17600 mètres de longueur avec une pente de $0^m 00682$ seulement.

Ce tunnel composé de deux alignements faisant entre eux un angle un peu plus grand que 90° relie directement le point A (côté 900 de France) au village de Bourrent,

Le tableau suivant indique les conditions d'exécution et l'évaluation de la dépense qu'il entraînerait.

INDICATION des KILOMÈTRES.	PUITS.			OBSERVATIONS.
	PROFONDEUR.	DISTANCE à l'origine DES KILOM.	DISTANCE entre 2 puits voisins.	
Du point situé à 41,230ᵐ de St-Girons, ou 42 kil.		230		
42 à 43	393	230	1000	
43 à 44	461	430	1200	
44 à 45	675	570	1140	
45 à 46				
46 à 47	665	800	2230	
47 à 48				
48 à 49	451	500	1700	
49 à 50				
50 à 51	336	500		
51 à 52			200	
52 à 53	420	500		
53 à 54			2000	
54 à 55	200	500	1000	
55 à 56	150	500	1000	
56 à 57	120	500	1150	
57 à 58	75	650	1180	
58 à 59		830	1180	

DÉSIGNATION DES OUVRAGES.	LONGUEUR.	PRIX UNITAIRE.	TOTAL.
Tunnel à deux Voies. . .	17,600^m	1,000 fr.	17,600,000
Puits.	3,946	800	3,156,800
Frais imprévus.	. . . . . .	. . . .	1,243,000
		Total. . . .	22,000,000

Ce tunnel présente les avantages suivants :

Il n'a que 0^m 007 de pente.

Il permet une traction sur toute la ligne.

Il raccourcit le temps du trajet.

Il évite la pente de 0^m 03 de Bourrent au tunnel.

Il réalise de grands bénéfices sur les tractions puisque les marchandises ne sont plus élevées qu'à la côte 1020 hauteur à Bourrent (Espagne), au lieu de 1380.

Il facilite enfin d'une manière inappréciable l'ensemble du service de *l'exploitation*.

A côté de ces avantages *incontestables* et *évidents*, il n'y a que des inconvénients plus *apparents* que *réels*.

Quant à son exécution, elle est facile à cause du grand nombre de puits qu'on peut percer. — Il ne faudrait pas plus de 18 ans pour terminer ce tunnel — sa dépense serait de 22 millions de francs.

Comparé au projet de M. Gérardin qui entre en souterrain à la côte de France de 1154 (254^m plus haut) et se tient par conséquent beaucoup plus haut dans toute la vallée, le projet de M. Gosset descend peut-être trop bas, et j'ai pensé qu'il pourrait y avoir un juste milieu, et qu'en changeant la direction du tracé à partir d'Oust et en lui faisant suivre la vallée d'Erce, plus spacieuse que celle d'Aleth, on arriverait à pouvoir entrer en souterrain à la côte 1000, avec des pentes et des rayons admissibles. — J'ai fait part de mon observation à M. Gérardin qui, en visitant les lieux, est convenu de la supériorité de la vallée d'Erce, mais il a préféré conserver le tracé par la vallée d'Aleth. Sur ma demande, M. Larose, ingénieur civil, qui connaît parfaitement les localités, qui a relevé les côtes et fait les nivellements sur le terrain, a examiné cette *nouvelle* direction à donner au tracé, qui, dans ce cas, suivrait, à partir d'Oust, la vallée d'Erce, et arriverait au plateau d'Ustou au moyen d'un percement du contrefort, qui sépare la vallée d'Erce de la vallée d'Aleth ; M. Larose n'a pas dressé de plan, mais je donne le canevas du tracé qu'il propose.

D'après ce projet on entrerait en souterrain à la côte 1030 de France — Le souterrain serait de 8600 mètres avec 15 millimètres de pente — Suivant ce tracé, il y aurait deux souterrains secondaires de 2500 mètres chacun — Les rampes seraient de 15 et de 8 et 10 millimètres — La dépense de Saint-Girons à 1 kilomètre au-delà d'Alos, serait de 40 millions de francs.

CANEVAS

TRACÉ *entre Saint-Girons* (Ariége) *et la Vallée Espagnole.*

DÉSIGNATION des PARTIES.	LONGUEURS	RAMPES.	Position du tracé par rapport aux vallées. RENSEIGNEMENTS DIVERS.	OUVRAGES D'ART Principaux.	ESTIMATION y compris les rails et AUTRES ACCESSOIRES.		RAYONS.
Commençant à 400 m. au-dessus de la mer. 1re Partie.	11ᵏ 000	millimètres. de 6 à 7	Suit le talweg de la vallée.	quelques percés particls. Un pont viaduc de 25ᵐ au-dess. de l'étiage et de peu de longuᵉ.	1°. 32 kil. à 300 mille f.	9,600,000	
2ᵉ Partie.	16ᵏ 000	de 15 à 16	Suit le talweg de la vallée. Partie spacieuse et facile.				
3ᵉ Partie.	4ᵏ 000	de 9 à 10	Roche calcaire.	Un Souterrain de 2700ᵐ. 2 Viaducs de 30 à 35 m. de haut. (peu de longʳ).	2°. 6 kil., à 11 cent mille f.	6,600,000	En général, 4. 5 et 600ᵐ. minimum exceptionᵈ, 300ᵐ.
4ᵉ Partie.	7ᵏ 000	de 17 à 17 et 1/2	Poche calcaire schiste.	Un Souterrain de 2500ᵐ.			
5ᵉ Partie.	10ᵏ 000	de 16 à 16 et 1/2	Partie accidentée.	Plusieurs percés partiels, et quelques ponts de 25 m. d'ouverture.	10 kil., à 700 mille f.	7,000,000	
	48ᵏ 000						
6ᵉ Partie. SOUTERRAIN commençant à 1030 mètres au-dessus de la mer.	8ᵏ 200 à 8ᵏ 600	17 à 15	Roche facile extérieure	des puits faciles sur 4 kilom.	....	16,800,000	
						40,000,000	

Ces deux derniers avant-projets présentent des objections prises de la *longueur,* des tunnels, mais il reste à savoir si elles n'ont pas pour elles, plutôt des *préjugés* que des *raisons solides.*

Je ne prétends rien démontrer mais il me semble que si négligeant d'entrer en souterrain à 900 mètres, on n'y entre par exemple qu'à 1150^m au lieu de 17000^m de souterrain, on n'en a que 6350^m, mais on a allongé la rampe de 12 kilomètres, non seulement ces 12 kilomètres seront bien plus difficiles que les premiers, mais on aura complètement changé les conditions du tracé tout entier, en l'élevant sur le flanc des montagnes ; tunnels secondaires, longs et nombreux, profondeur et largeur des tranchées, longueur et hauteur des viaducs, etc., etc., marcheront à la suite. — L'accession qui d'abord ne paraît qu'une dépense accessoire, n'en est pas moins la dépense principale. Le mètre courant des deux souterrains à 1150^m et à 900^m, ne saurait être évalué de la même manière : à 1150^m les puits sont rares et profonds, le déblai difficile ; à 900^m on a un surcroît de souterrains accessibles aux puits sur toute sa longueur, et une échelle graduée, quant à leur profondeur et à la dépense, et si l'on considère de combien cet excédent de parcours grève l'exploitation, on se demande de quel côté est l'économie ; mais en supposant que 12 kilomètres de rampe ne compensent pas 11 kilomètres de tunnel, il faudrait savoir encore si l'économie pour le projet à 1150 mètres vaut l'abandon des avantages qu'offre à la circulation le projet à 900^m de hauteur.

Je comprends l'objection sérieuse qu'on oppose à la longueur du temps qu'il faudra pour percer un tunnel de 17 kilomètres, mais n'y aurait-il pas moyen, pendant son exécution de se *servir* d'une *route couverte*, que l'on construirait sur les flancs de la montagne et dont la traction se ferait par des chevaux ? Cette route, à l'abri des avalanches, se ferait en deux ans et demi et pourrait être terminée en même temps que le chemin ; bien que *provisoire*, son utilité n'en serait pas moins grande et la somme qu'elle coûterait (environ deux millions de francs), serait vite gagnée.

Je ne saurais assez insister et revenir sur ce point : toutes nos vallées françaises sont plus ou moins creusées profondément et l'on ne s'élève pas à la hauteur des tunnels à 14 et 1500^m sans des développements et des travaux d'art formidables. — Les souterrains dans ces projets ne sont que des accessoires, et il faut évaluer la dépense par millions. — Or, les transactions sont-elles assez avancées pour favoriser de semblables entreprises ? Le seront-elles jamais par une *autre route* que *celle que je propose de suivre ?* Non, positivement non ; et l'avenir se chargera de justifier mon *opinion.*

J'ai vu un de ces projets, et je ne pense pas qu'on aventure des capitaux dans de semblables travaux sans des subventions énormes ; mais les gouvernements voudront-ils, pourront-ils prendre de semblables charges ?

Quoi qu'il en soit, j'ai cherché en travaillant, à établir d'abord une circulation *possible, sûre* et *profitable* au commerce des deux nations, et quel que soit le sort réservé à mes tentatives, ma confiance est trop profonde dans les avantages évidents que mon projet offre aux *intérêts généraux* pour qu'un premier échec puisse me décourager.

Si l'intérêt local de *l'arrondissement de Saint-Girons* m'animait exclusivement, je déposerais bien vite mes pensées d'amélioration, de progrès et de prospérité future, fardeau qui ne serait lourd que pour moi, mais un peu de gloire, et une rémunération équitable, au bout d'efforts persévérants et ISOLÉS me tentent et me font continuer hardiment mon entreprise, sans me mettre en peine du concours et des encouragements qui pourraient m'aider.

Et maintenant, la question que l'on s'adresse est celle-ci :

L'Espagne qui s'est constamment opposée au percement des Pyrénées consentira-t-elle aujourd'hui à ce qu'on ouvre à travers les Pyrénées centrales une voie de communication qui joindrait la Noguera-Paillaressa au Salat par le Col de Géou, et mettrait ainsi Barcelonne, Valence, Sarragosse et Lérida, en rapport *direct* avec Toulouse et Bordeaux ? Ou, pour parler plus franchement, *le projet que je propose* trouvera-t-il en Espagne un appui ?

La pétition présentée l'année dernière à S. M. la reine d'Espagne par les Députés de la province de Lérida (Catalogne) rassure complètement à cet égard ; on y lit :

. . . .

« Nous touchons donc au moment où l'attention se portant sérieusement sur cette
« grande entreprise, aura à fixer le *Point* par où un chemin de fer doit traverser la
« puissante chaîne que la nature a mise entre nous, et le reste du continent de l'Europe:
« ce *Point*, Madame, ne saurait être *douteux.* Dans l'opinion de la Députation qui a
« l'honneur de s'adresser à V. M., la nature elle-même, et toutes les circonstances,
« s'accordent à désigner la province de Lérida, comme la plus favorable pour y ouvrir le
« majestueux tunnel qui doit nous rapprocher de l'Europe centrale, et nous faire parti-
« ciper à ses progrès. — C'est de cette capitale, ou de tout autre point des plaines qui
« la séparent de l'antique Monzon que doit, de l'avis de notre corps provincial, partir
« une ligne qui suivant les spacieuses vallées des Noguera, ira *couper* les Pyrénées *au*
« *point du col de Jou* (col de Géou). Il n'en est point *dans toute la chaîne,* qui se *prê-*
« *tent mieux au percement.* On arrive au col, par une douce pente, à travers les riches
« contrées de *Tremp, Talaru, Esterri* et *Alos,* et là, le cours de la *Noguera* en-deçà
« des Pyrénées, n'est qu'à deux ou trois kilomètres en droite ligne, des *sources du*
« *Salat,* dont la vallée fait comme *suite* à celle de *la Noguera,* qu'elle prolonge en se

« dirigeant à Saint-Girons, et jusqu'à la Garonne près Toulouse, tête du Grand Central
« de France.

« Comparé à ce *Projet*, tout autre est plus difficile à mener à bout. — Les vallées
« de l'Aragon sont beaucoup plus élevées que celles de notre province où le tunnel peut
« s'exécuter à 1200 mètres au-dessus du niveau de la mer ; au lieu que ceux de l'Ara-
« gon ne le peuvent qu'à une hauteur de 15 à 1600 mètres, c'est-à-dire dans la *région*
« *des neiges perpétuelles*. Les Pyrénées ont d'ailleurs plus d'épaisseur dans cette partie
« là qu'à l'endroit mentionné, à cause des grandioses flancs de la *Maladetta* qui rendent
« aussi insurmontable que curieux le grand centre des Pyrénées Aragonaises.

« Nous regardons par conséquent comme *indispensable* que le *point* de *reliement*
« de l'Espagne *centrale*, avec l'Empire voisin, soit *pris dans notre province*, et par le
« passage *indiqué*, et dans cette persuasion, les Députés soussignés, pénétrés de la sol-
« licitude avec laquelle V. M. donne l'impulsion à toutes les améliorations matérielles
« de notre pays, viennent lui adresser avec confiance l'expression de leurs vœux, et la
« supplient instamment de daigner *ordonner*, lorsqu'il s'agira de tracer le chemin cen-
« tral *Pyrénéen*, que, les études soient faites, *dans la vallée de la Noguera-Paillaressa*
« et au Port de Salau, faveur que nous espérons mériter de la gracieuse bonté de
« Votre Majesté.

Lérida, 30 mars 1856.

(Suivent les signatures.)

Si l'on considère que ce sont les notables des deux provinces les plus commerçantes
et les plus industrieuses de la péninsule (la Catalogne et Valence) qui sollicitent des grâces
de S. M. la reine d'Espagne, la construction du chemin de fer par Salau, on doit admettre que cette ligne répond à *l'intérêt général* de ces contrées, qui font à elles *seules*
le commerce de presque toute l'Espagne, et que, la Compagnie qui se présentera pour
l'exécuter, trouvera un appui, en rapport avec la légitime influence gouvernementale que
ces deux provinces possèdent.

De ce côté des Pyrénées, le sentiment n'est pas moins fort ; voici comment s'ex-
priment les Conseils municipaux de l'arrondissement de Saint-Girons, dans leur séance
des 8 et 10 février de l'année dernière.

Extrait du Registre des Délibérations des Conseils Municipaux

DES COMMUNES DE SEIX ET D'AULUS,

Séance du 10 février 1856 :

Le Conseil municipal de la commune de Seix réuni au lieu ordinaire de ses séances, sous la présidence de M. le Maire :

Présents, MM. . . . .

Sur l'exposé de M. le Maire,

Considérant :

Que le projet de percer les Pyrénées pour ouvrir au commerce entre la France et l'Espagne une voie centrale commode et régulière, constitue depuis long-temps un des vœux les plus ardents de nos populations ;

Que les études de MM. les Ingénieurs des Ponts et chaussées ont déjà désigné le passage par *Salau* entre l'origine du *Salat* et celle de la *Noguera-Paillaressa*, comme le point des Pyrénées centrales le plus facile, le plus sûr et le plus direct, et le moins coûteux, pour une route internationale entre *Toulouse* et *Lérida*, *Barcelonne* et *Sarragosse* ;

Que de plus, les études récemment faites par les soins de M. Aristide *Ferrere,* ont montré la possibilité d'établir par *Salau* d'une manière incomparablement plus avantageuse que par tout autre point, un chemin de fer entre *Toulouse* et *Lérida* qui relierait dans leur centre à travers les Pyrénées le chemin de fer de *Cette* à *Bordeaux* et celui de *Barcelonne* à *Sarragosse* ;

Que déjà tous ces faits ont été consignés dans une pétition *signée* par *tous les Maires et les Adjoints de l'arrondissement de Saint-Girons,* et adressée à S. M. l'Empereur, dans le but d'obtenir la réalisation de ce grand projet.

Qu'outre la communication internationale, un chemin de fer trouverait dans nos vallées une source inépuisable de matières à exporter, non seulement dans les forêts, les carrières de plâtre, de marbre, de pierre de taille, d'argile à poterie, etc., etc.; mais surtout dans les gîtes métallurgiques aussi nombreux qu'abondants que des recherches récentes ont fait découvrir.

Que nos cours d'eau qui présentent des forces motrices si considérables offriraient des ressources infinies pour l'établissement de toute sorte d'usines.

Par ces motifs :

Le Conseil municipal, à l'unanimité, est d'avis que le chemin de fer de *Toulouse* à *Lérida*, avec percement des Pyrénées au col de *Salau*, projeté par M. Aristide *Ferrere*, répond à un intérêt général immense, et il prie l'Administration supérieure de prêter à ce projet tout son concours.

Ainsi délibéré à Seix, les jours, mois et an susdits.

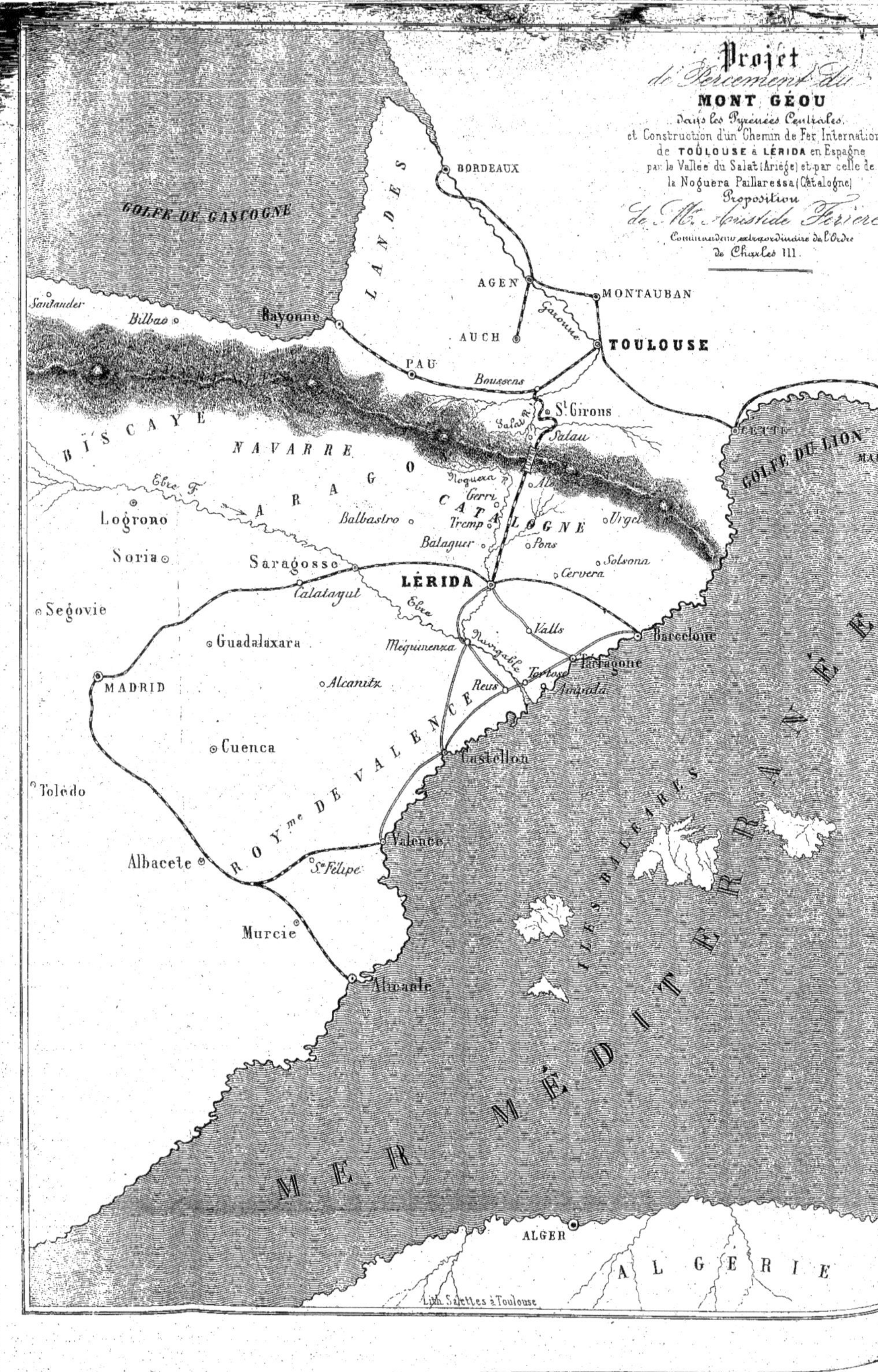

Projet
de Percement du
MONT GÉOU
dans les Pyrénées Centrales,
et Construction d'un Chemin de Fer International
de TOULOUSE à LÉRIDA en Espagne
par la Vallée du Salat (Ariége) et par celle de
la Noguera Pallaressa (Catalogne)
Proposition
de Mr. Aristide Ferière,
Commandeur extraordinaire de l'Ordre
de Charles III.

GOLFE DE GASCOGNE
LANDES
BORDEAUX
AGEN
MONTAUBAN
AUCH
TOULOUSE
Garonne
PAU
Boussens
Santander
Bilbao
Bayonne
St Girons
Salat R.
Salau
CETTE
GOLFE DU LION
MARS
BISCAYE
NAVARRE
ARAGON
CATALOGNE
Noguera R.
Gerri
Alos
Urgel
Ebre F.
Balbastro
Tremp
Logrono
Balaguer
Pons
Soria
Saragosse
Solsona
Cervera
Ségovie
LÉRIDA
Calatayut
Ebre
Guadalaxara
Méquinenza
Valls
Navigable
Barcelone
MADRID
Alcanitz
Reus
Tortose
Tarragone
Amposta
Cuenca
Toledo
Castellon
ILES BALEARES
ROYme DE VALENCE
Valence
Albacete
St Felipe
MÉDITERRANÉE
Murcie
Alicante
MER MÉDITERRANÉE
ALGER
ALGÉRIE
Lith. Salettes à Toulouse